Voyages rêvés,

Suivi de Morceaux choisis

VOYAGES RÊVÉS

CHANGER D'AIR

Un peu de calme et de sérénité
Quand vient le soir, pour respirer.
Tout ce stress accumulé,
L'apaiser

Besoin de changer d'air
De réécrire des vers,
Besoin de voyage
Pour tourner d'autres pages

Pour retrouver l'inspiration
Besoin de nouvelles émotions,
Pour rejoindre le chemin
Et reprendre ta main…

Chemin d'Esquerchin

MARCHER

Marcher,
Droit devant,
Vite ou lentement
Mais observer et méditer.
Reprendre son bâton de pèlerin
Ou juste pour l'entretien.

Marcher pour se dépenser
Pour respirer,
Se vider la tête
Régénérer le poète.

Marcher seul
Ou pour rencontrer son égal,
Près ou loin,
Reprendre le chemin.
Toujours garder la curiosité
Pour avancer,
Et s'enrichir
Avant d'écrire…

VOYAGE RÊVÉ

Voyager
Devant sa télé,
Voyager
Sans se déplacer,
Regarder et rêver.

Imaginer
Qu'on peut s'évader
Du quotidien,
En regardant le jardin,
En écoutant la musique,
Se faire un monde fantastique.

S'émouvoir
Dans un espoir,
Écrire
Comme on respire,
La poésie
Dans notre vie…

À ZÉRO

Se renouveler,
Savoir remettre les compteurs à zéro
Pour se réinventer

Se mettre en danger
Pour trouver de nouveaux mots,
Et se tester
Malgré les fragilités

Parce qu'on en a besoin,
Saisir de nouvelles mains
Qui nous emmèneront
Un peu plus loin,
Amis que nous accompagnerons
Sur le chemin
Jusqu'à la fin…

Étang de Rieulay, terril des Argales

MARS AU SOLEIL

Début mars au soleil,
C'est une merveille
Pour marcher, se balader !

Se reconnecter
À soi-même,
Un peu décrocher
De sa vie quotidienne,
Se tourner vers l'extérieur,
S'ouvrir à la beauté de la nature,
Se laisser porter
Et observer :
Les arbres, les premières fleurs,
Respirer les odeurs,
Quel bonheur !

Début mars, le soleil,
Douce merveille,
Réchauffe les cœurs…

Tout devient plus lent
Les gestes aléatoires.
Pourtant le raisonnement
Raconte des histoires

Le temps passe plus vite
Ou plus lentement,
Selon
Qu'on soit seul ou à deux
À la maison

Avant, on s'occupait des enfants
Puis des petits-enfants,
Puis du conjoint
Jusqu'au bout du chemin

Il faut écouter
Ce que dit le grand âge,
On peut s'en inspirer :
Ils sont devenus sages

Quand on lui tend la main
Dans un élan de tendresse
Lorsque s'approche la fin,

C'est une blessure
Qu'adoucit une caresse
Un inoubliable souvenir
D'une personne, c'est sûr
Qu'on continuera à faire vivre…

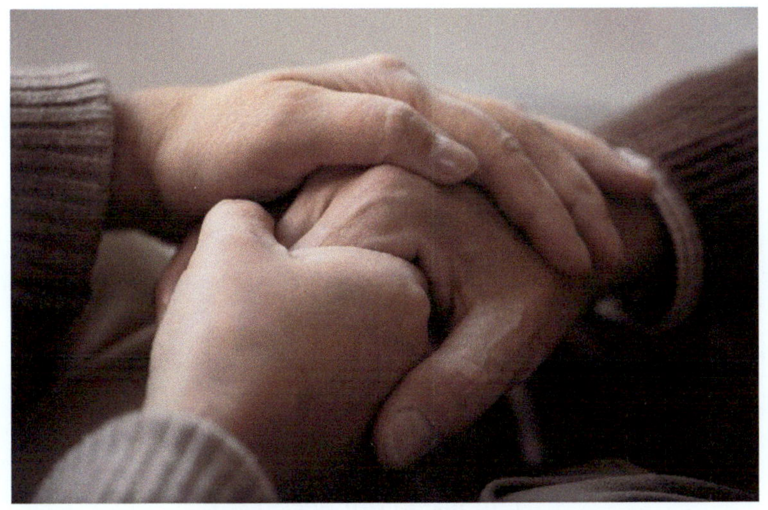

« Quand on lui tend la main »

LE TEMPS S'ENVOLE

Vivre l'instant
Naître au présent
Être vivant
Profiter du temps

Celui que l'on se donne
Entre deux affaires,
Lorsque la cloche sonne
Pour se distraire

Le temps suspendu
Quelque part dans l'air,
Ce qu'on a pu
Au labeur soustraire

Le temps qui s'envole
À tout jamais,
Cette vie transcendée,
Un oiseau qui décolle
Un goût d'éternité

SERVICE

Le service,
Par amitié
Abnégatrice
Être dévouée

Mais pas béate
Dans ma hâte,
Juste par sincérité
Et pour partager

Les bonheurs, les misères
La chaleur, humaine
Pour s'enrichir
S'entraider,
S'en sortir
Et aimer…

Jardin perdu, mon paradis (Le Touquet)

JARDIN PERDU

Mon jardin perdu
Te reverrai-je ?
De mon paradis,
Suis-je chassée comme Ève ?
L'ai-je mérité ?
Reprendre tes chemins
Je l'espère,
Comme prendre mon destin en main
Et me mettre au vert

J'y crois
Pour sortir de l'hiver,
Une profession de foi
Pour ce jardin si cher,
Dont nous ont arrachés
Des hommes sans scrupules, violents.
Ils nous ont emmenés
Ont fait de nous des dissidents

Nous en reviendrons
Quand la fin des temps viendra.
Nous nous libèrerons
Après peut-être bien des combats.
Nous gagnerons
Quand l'amour triomphera,
Toi mon jardin si cher
Je ne t'oublierai pas…

Passer du temps ensemble,
Aider et s'entraider,
Une présence,
Se retrouver :
Sans condition, juste savoir
Que c'est partagé,
C'est aussi ça aimer…

« C'est aussi ça aimer »

Partir
Mais pas maintenant,
Pour vivre
Un nouveau printemps

C'est repoussé
Je reste à la maison.
Les congés ?
Désillusion !

Mais j'aime mon quotidien
Ça m'aide à patienter
Dans le monde qui est le mien
Je peux espérer :
Mes rêves, les réaliser
Un reste de liberté…

Vivre un nouveau printemps

La lune et Venus

HOMME PERDU

Homme perdu,
De la terre, que fais-tu ?

Tu as établi des frontières
Entre les pays, pour quoi faire ?
Tu te bats comme un chiffonnier
Tes relations sont à couteaux tirés

La planète, tu la maltraites,
L'écologie, pas un souci :
La nature, tu la piétines !
Le poète, tu le détestes,
C'est un idéaliste !

Toi, capable du meilleur
Qui sait créer le bonheur
Toi si intelligent
Qu'as-tu fait de tes talents ?

Que va-t-on faire de toi
Devenu si petit ici-bas ?
Une nouvelle terre renaîtra
Quand tu ne seras plus là,
Libérée des tyrans,
Réveille-toi maintenant !

Près d'Annecy

Étourdie,
Comme saoulée par la vie,
La tête dans le brouillard
Dans mon esprit, je pars :

Pour un autre pays
Quitter ici,
Pour me promener dans la nature
Seule, à l'aventure

Partir pour rencontrer
Marcher et méditer,
Découvrir de nouveaux lieux
Voir la vie en mieux…

Et puis je redescends, j'atterris,
C'est un beau projet
Mais je t'aime comme tu es,
Ma vie !

Ma Mimie

MA MIMIE

Ma Mimie,
Quand tu es dans mes bras,
Tu te blottis
Et ne décolles pas

Je ne peux plus bouger,
Captivée
Par toute l'affection
Que tu peux me donner…

Mais attention,
Fini le câlin :
Depuis ton poste d'observation,
Tu vas voir l'oiseau
Qui s'envole dans le jardin

Et moi, je suis à disposition
Quand tu veux ton repas,
Mais tu ne me quittes pas
Pour toujours avec moi,
C'est aussi ça les chats !

Les chats du chemin vert

Les chats du chemin vert
Sont tout un univers.
O'Malley, Meï, Loon, Chatounette, Mona et Mistigris
Ont élu domicile ici
Chez notre amie Gigi

Parce qu'on y est bien
On y a bien des câlins,
Les gamelles sont bien remplies
Et les paniers fournis,
Sans quoi ils étaient à la rue,
Abandonnés, perdus

En bonne intelligence
Ils aiment la présence
Des humains qui les entourent
Et donnent tout leur amour

Ils se tolèrent tous également,
Partagent volontiers
Cet arche de paix…
On les aime vraiment
Meï, Loon, Chatounette, Mona, Mistigris et O'Malley

Graffiti

GRAFFITI

Quand on arrive, tu fais la fête
Notre joie est complète,
Tu inspires le poète

Tu as tes quarts d'heure de folie.
À la question : quel âge a votre chaton ?
Chanty répond : Quatorze ans garantis !

Quand tu as faim
Tu tournes en rond,
Et pour arriver à tes fins
Tu miaules sur tous les tons !

Mais quand on voit combien
Tu aimes les câlins,
On est désarmé :
Toi, le petit félin,
On ne peut que t'aimer…

« Mon cœur est comme un arbre »

MON CŒUR

Mon cœur, capable du meilleur
Est comme un arbre,
Accueillant pour tous ses habitants :

Les oiseaux chantant,
Les nids et les petits,
Les insectes volants,
Tous les animaux qui se mettent à l'abri

Elle est belle cette harmonie
De l'arbre majestueux,
Foisonnant de vie,
Avec ses hautes branches
S'élevant jusqu'aux cieux

Les arbres communiquent
Comme les cœurs entre eux,
Ouverts aux amis, à la famille
À tous venant vers eux

Mon cœur est un peu ça,
Même si sombre parfois,
Il se veut généreux
Pour rendre les gens heureux…

L'amour, la mort
En moi résonnent encore.

L'amitié
Les a égalés.

L'amour passionné,
Il m'a oublié.

C'est celui de tous les jours
Qui vient à mon secours,
Et c'est bien la vie
Qui m'anime ici,
Mes forces dans la bataille jetées
Jusqu'à m'en oublier…

JUSTICE !

À toi, écorché
Par l'animosité,
Par ceux qui veulent tuer
D'une manière ou d'une autre,
Tous les mauvais apôtres

À toi, révolté
Assoiffé de justice,
Écœuré
Par tous les hypocrites

À vous, hommes de bonne volonté
Qui encore espérez
En un meilleur,
Qui croyez encore au bonheur

Accrochez-vous
Dans ce monde fou !
Seule la tendresse
Peut faire taire la mitraillette
Et désarçonner
Toute une armée…

SAVEUR DE LA VIE

À deux,
Tout prend de la saveur
Le levé, les repas, la journée,
Je retrouve le courage de faire des choses
Quelles qu'elles soient, pour m'occuper

Je peux me rendre utile
Parce que je transmets
Ce bonheur retrouvé

Ma vie a repris sens
Grâce à ta présence,
Je n'étais plus en état,
Papa

Grâce aussi à mes amis
Pour qui j'ai un amour infini
À vous, merci !

Dans mon monde, point de méchanceté :
Que des gens qui se battent pour leur liberté.
Mon monde n'a rien à envier
À toutes les sociétés :
Mon monde, c'est le mien
C'est mon chemin
Au sein de toute l'humanité.
Et même s'il paraît parfois naïf,
Il se veut éclairé et positif :
Un peu de lumière dans la noirceur
Un peu de paix et de douceur
Un peu de convivialité et de chaleur,
Un peu de poésie dans la vie !

Petites histoires
Quand vient le soir,
Auprès du feu
Pour être heureux

On quitte l'hiver
Et pour me distraire,
Je cherche un jeu d'esprit
Tel que la poésie

Je vais imaginer
Un univers tout entier,
Où nature et animaux
Ont les rôles principaux

J'aimerais aussi vous dire
Que la vie va sourire
Et que, pour ne plus souffrir,
On peut aussi écrire

Moi, parfois, c'est vrai
J'aimerais m'effacer ou bien m'évaporer,
Mais, cout que cout, je veux espérer
Et encore aimer…

MORCEAUX CHOISIS

« Un floral refrain »

CHEMIN FLEURI

Sur un chemin de campagne
Nous avons contemplé les fleurs,
Fleurs de jardin ou fleurs sauvages
Dans les champs de blé vert

Les libres coquelicots
S'étendent à perte de vue
Cohabitant avec les marguerites,
Tandis que les rosiers
Fiers et dressés,
Croisent les azalées ébouriffées

Les rhododendrons
Se mêlent aux chardons,
Tandis que les hortensias
Font place aux mauves lilas…

… Puis nous sommes rentrées
Par ce spectacle, enchantées.
Ainsi prend fin
Ce floral refrain !

L'oiseau,
Si frêle dans nos mains,
Le cœur battant,
Les plumes gonflées…

N'attend qu'à s'envoler
Retourner vers les siens,
Rêve de ne plus jamais
Se laisser attraper,
Et virevolte, léger,
Au gré des alizées…

Rire, pour s'amuser
Rire, pour déconner,
Se détendre, se lâcher
Juste rire de bon cœur,
Pour rien, que du bonheur !

Comme l'air que l'on respire
Ma main dans la tienne
Comme cette nature qui nous fait vivre
Le chat sur mes genoux…

L'amour partagé
Réciproque et donné
Ma seule joie ici-bas
Éclaircie chassant les nuages
Le vent dans les voiles
Fine pluie rafraîchissante sur ma vie
Voix rassurante dans la nuit…

Rien ne va demeurer,
Que ces moments passés
À nous aimer…

Quand le calme revient
Lorsque tu es loin
J'entends une voix
Qui chante au fond de moi…

Les mots renaissent
Comme une caresse,
Une liberté
Retrouvant la passion :

La passion des mots
Qui me manquaient trop
Instants de vraie grâce,
Attendant que tu passes…

Le temps s'en va, le temps s'enfuit
Mélange les gens, les poursuit
Pour le rattraper, on court après lui
Il rythme nos vies

Quand on profite du temps présent
On passe de bons moments
Le temps est en suspens
Agréable est l'instant

Le temps passe et les temps changent
Avec joies et tourments
Mais aujourd'hui s'offre le temps
Le temps s'en va, s'évanouit,
Ainsi va la vie !

LES MOTS

On peut voyager pendant des années,
Avoir plein à dire sur tous ses loisirs,
Travailler beaucoup pour gagner des sous…

Quand viennent les épreuves
Lorsque les coups pleuvent,
Ou la maladie,
Quand tout semble fini

Naissent alors les mots, venus du tombeau
Pour se relever et se dépasser,
Écrire la beauté pour se transcender

Retrouver son chemin, vivre au quotidien
Et aimer la vie, vivre à l'infini !

Quand la danse commence,
Nos deux corps s'élancent
Sur la piste avec légèreté,
Nos mains et nos pieds tournés
Vers la terre, vers les cieux,
Bougent sur la musique
Par des gestes gracieux

Nous sommes transportés
Dans ce tourbillon enchanté,
Attirés par la perfection
Et ce moyen d'expression,
Assoiffés de liberté…

Écrire pour rêver,
Vivre pour réaliser,
Oser dire
Pour s'épanouir

Rien ne saurait remplacer
Le silence –
Je repense aux souvenirs
Passés et à venir

Dans ce monde s'agitant
Ce silence est mon calmant,
Là où naissent les rimes
Qui m'animent

Où enfin me vient
Le repos serein
Du corps et de l'esprit,
Un peu de paix sur ma vie…

Quand c'est l'anniversaire
De ceux qui nous sont chers
On paye l'apéro
On fait quelques photos

Surtout on vient leur dire
Combien on pense à eux
La vie va leur sourire
C'est notre plus cher vœu

Le plaisir partagé
Un moment de tendresse
Vécu dans l'allégresse
Entre amis rassemblés

Pour un bon souvenir
Qui aide à l'avenir
Ensemble pour avancer
Et se sentir aimés…

PÉRIODE BÉNIE

La vie m'a offert une pause
Une période où je réfléchis
Elle donne un temps, je dispose
De ce temps béni

Profiter du printemps
Contempler l'existant
Être à la fois dans le présent
Et hors du temps

Mais il faut revenir
Tous les voyages ont une fin
Afin de repartir
Affronter son destin :

Les efforts au quotidien
Les peines et les chagrins
Les joies sur le chemin

Mais plus seule,
Avec ceux qui le veulent

La tête dans les étoiles
Les pieds sur terre
Le vent dans les voiles
Quelque part dans l'univers

LA VALSE DE L'OISEAU

La valse de l'oiseau
Des branches au point d'eau,
Perché sur son nichoir
Pour manger et pour boire

Volant à toute vitesse
Se déplaçant, de patte leste,
Il reste inaccessible
Son chant, irrésistible

Je reste fascinée
Par ta liberté,
Va-t'en, petit oiseau
Vers le ciel, là-haut

« Je reste pour veiller »

VEILLER

Quand les miens vont se coucher
Moi, je reste pour veiller
Pour faire sas un moment
J'ai besoin de ce temps

De rester dans le silence
Dans le calme, en substance.
J'arrive à me concentrer
Pour écrire et méditer

Comme un rendez-vous
Je me souviens de tout.
Je pense à vous
Et cela m'est doux…

Avant de m'endormir
Pour, demain, repartir
Et me reconstruire
Pour avoir un avenir

DANS MA NUIT

Ce soir, dans ma nuit
Fuse comme un cri
Feutré et sourd :
Où est-il mon amour ?

Je suis occupée tout le jour
Et croise bien des corps.
Je les aime de tout cœur
Mais dans le silence
C'est à toi que je pense,
Je perds l'espérance
Quand tu me manques

Même si j'ai la rage de vivre
C'est toi mon équilibre,
Et que c'est bon d'aimer
Dans ce monde insensé

Cette inaccessible étoile
Ce monde rêvé
Dans toute sa diversité
S'en inspirer…
Faire vivre le spirituel
Pour rendre la vie plus belle

À ceux qui sont seuls
Difficilement, profondément
À ceux qui le veulent
Pour vivre libre, pout simplement.
Vous avez tellement à donner,
J'admire cette liberté

Courage pour affronter
Toutes les difficultés,
Et ceux qui ne peuvent comprendre
Les déserts que vous traversez,
Que vous savez être tendres
Et aimer

Un jour, un chemin
Une vie, un destin
S'en aller, partir loin
Ou rester proche, près des siens

Partir, ou rester
Tel est le dilemme d'aimer
Comme on quitte le port
Aimer, au-delà de la mort…

Blessure amère
Blessure de poids,
Ton cœur de pierre
Blessure en moi

Tu m'as tant pesée,
Tant occupée,
Telle une obsession
Qui tourne en rond…
Et qui revient comme un chagrin,
Une absence, dans la tête danse…

Puis enfin, au loin s'en va
Au soleil là-bas,
Tel l'oiseau, ami frivole
Blessure s'envole…

Dans l'immensité de l'espace
Et la petitesse de ma vie,
Mes pauvres mots naviguent
Dans le désert des cœur arides.
Quand ils résonnent néanmoins
Où que je sois, je vous rejoins…

« Dans l'immensité de l'espace »

ÉCRITURE

Si je devais écrire
Que dirais-je aujourd'hui ?
Qu'ai-je donc à construire
Sinon ce que je vis ?

Pourtant, il est un monde
Où je peux exprimer,
Échappée à la tombe,
Ce qu'est la liberté

Au poète, les mots
Venus du plus profond,
Dire quelque chose de beau
Doux comme une chanson

CRÉPUSCULE

Le crépuscule descend.
Perdure la lumière
En ce soir de printemps

Derrière la maison,
Les dernières lueurs
Éclairent l'horizon

Des activités
Achèvent la journée
Avant d'enfin se reposer

Et quand vient la nuit,
Je pense à l'amour
Qui, seul, s'est enfui

Et au temps qui passe,
Aux amis, à la vie
Que rien ne remplace…

COMME UN OISEAU

Qui suis-je pour posséder
Qui ou quoi que ce soit ?
La vie file, je m'y accroche
Mais le pourrais-je sans vous ?

Jusqu'à ce qu'un jour je m'envole
Vers ma dernière destination,
Comme un oiseau…

« Comme un oiseau »

MES ANIMAUX

J'étais une bouteille à la mer
Ils m'ont tirée d'affaire,
Mes animaux

Je m'occupe d'eux tous les jours
J'entrevois un avenir
Je les aime plus que tout,
Mes animaux

Parfois, nous partageons
Plus qu'avec les humains,
Ils sont l'âme de la maison,
Mes animaux

Mes amis les aiment aussi
Ils soignent bien des maux
Et sont pleins de vie,
Mes animaux !

Eimie et Mimie

EIMIE

Eimie, mon amie
Tu es souvent partie,
Mais tu aimes ta maîtresse
Et toutes ses caresses

Tu rentres à la maison
Pour manger tes croquettes
Que te donne à foison
Notre amie Bernadette,
Et toute son affection

Une patte dedans, une patte sortie
Toi mon amie Eimie,
J'aime ta liberté
Elle me fait rêver

Vous les chats, vous donnez
Ainsi votre amitié,
Et vous nous révélez
Toute notre humanité…

« Tu ne demandes qu'un peu d'amour et de chaleur »

Au creux de moi, lovée
Contre mon ventre
Tu es couchée.
Là tu passes la nuit,
Ronronnant,
Sans bouger.

Tu ne demandes rien
Qu'un peu d'amour et de chaleur,
Toi ma Mimie,
Tu entretiens la flamme
De mon cœur

L'amour
Fait danser
Et chanter

Le silence, la fatigue, les soucis
Nous dépassent, nous ennuient

Mais quelqu'un qui sourit
Une pause, un calme, un ami,
C'est un baume qui adoucit

AMOUR

L'amour n'a pas qu'un temps
Refleurit au printemps
Au gré des saisons
Et des passions

Non ce n'est pas facile,
L'amour parfois est fragile,
Accepter sa diversité
Et il devient plus fort,
Peut tout traverser
Au-delà de la mort,
En liberté…

LÀ-HAUT

Quel que soit le temps
L'avion prend son envol

Nous ne formons plus qu'un,
Perchés en altitude
Dans cet espace clos,
Voyageurs d'un seul cœur
Vers nos destinations

Mais déjà nous entamons la descente.
Une fois atterris
Nous nous disperserons
Vers d'autres horizons,
Seuls et étrangers
Sans même nous parler…

L'AMI VENU D'AILLEURS

Toi, l'ami venu d'ailleurs
D'un pays ni mauvais ni meilleur
Dont la culture différente
Apporte un souffle dépaysant

De tes montagnes ou tes déserts
Cultivant la terre ou parcourant les mers
Marqué par ta famille, tes traditions
Suivant ou pas ta religion

Tu es comme nous :
Un être debout
Toi qui es aimant
Pour tous les vivants

Notre histoire s'écrit
Où commence la vie,
Ta rencontre est une aventure
Qui a quelque chose de pur,
Nous avons de l'amour à partager
Seule richesse à nous donner…

QU'EST MON AMOUR DEVENU

Qu'est mon amour devenu ?
Pour l'ingénue que je suis
Ou une belle endormie,
Ton souvenir s'atténue

Reviens-moi mon amour
Que deviendrai-je sinon
Sans mon inspiration ?

Je veux être cette femme
Qui entretient la flamme,
Ou bien être ce cri
Qui déchire la nuit

Viens, mon inspiration
Je te donnerai du temps,
Comme l'on donne son cœur
Lorsque vient son amant

Courage, unique vertu
Lutter seule, à mains nues
Affronter, même la vie
Malgré tous les ennuis

Qu'ai-je fait de ce courage
Qu'on ne peut qu'admirer ?
Auquel je rends hommage,
Prix de la liberté
Et de celui d'aimer…

Un autre monde
Libéré des codes,
Une vie allégée
Des contraintes et des corvées

Un monde où on est bien,
Certes sans grand bonheur,
Mais soulagé au quotidien
Des souffrances et du malheur

Un monde où on peut rêver,
Imaginer,
Laisser venir les mots qui inspirent,
Les écrire
Pour soigner et embellir…

ÉCRIRE, MON PLAISIR

Fin de journée
Le calme se fait.
Fin des activités
Je peux me reposer

Ne plus penser,
Se laisser un peu aller,
Et écrire
Avant de m'endormir

C'est mon plaisir
J'ai tant de choses à vous dire,
Mais aussi pour me ressourcer
J'ai tant à y gagner

Je vous partage mes réflexions, mes émotions
Au calme dans ma maison,
Mon petit monde
Quand cette terre ne tourne pas rond

Soyez-y toujours bienvenus
Si ces poèmes vous ont plu,
Car si j'écris
C'est pour embellir la vie,
Alors à vous lecteurs, merci !

Remerciements aux amies qui m'ont confié les photos de Rieulay, des fleurs et d'Annecy

De la même auteure

- ***Divers'cités***, Éditions La Bruyère, 2018 ;

- ***Nouvelle vie, poésie…*** Éditions du Puits de Roulle, 2018 ;

- ***Rêveries, poésies… Le voyage des âmes***, Éditions BoD, 2019, diplôme du prix de poésie Stephen Liégeard 2021 ;

- ***Arrêt sur image***, Éditions Maïa, 2021, 2ème au concours Stephen Liégeard 2022 ;

- ***Poésie d'un autre pays***, Le Lys Bleu, 2021 ;

- ***Au fil des mots***, Le Lys Bleu, 2022 ;

- ***En attendant l'aurore***, Éditions BOD, 2024 ;

- ***États d'âme***, Éditions BOD, 2024

- ***Respiration poétique***, Éditions BOD, 2025

- Participations à la revue ***Florilège***, Les Poètes de l'Amitié – Poètes sans Frontières, Dijon.

Site internet : **marialhermenierpoesie.fr**

Table des matières